JN439969

당신은 나에게 선물이었어요

당신은 나에게
선물이었어요

초판 1쇄 인쇄 • 2019년 2월 22일
지은이 • 오병남
펴낸이 • 이승훈
펴낸곳 • 해드림출판사
주 소 • 서울 영등포구 경인로82길 3-4(문래동1가 39)
센터플러스빌딩 1004호(우편07371)
전 화 • 02-2612-5552
팩 스 • 02-2688-5568
E-mail • jlee5059@hanmail.net

등록번호 • 제2013-000076
등록일자 • 2008년 9월 29일

* 책값은 표지에 있습니다
* 잘못된 책은 바꿔드립니다

ISBN 979-11-5634-330-1

당신은 나에게
선물이었어요

오병남 시집

해드림출판사

마음을 담아

글공부를 해본 적이 없습니다
문학 서적을 읽은 적도 없습니다
갑자기 떠난 남편이 그리워 글을 썼습니다
추억을 썼습니다
감사의 마음을 썼습니다
많이 부족합니다
이 글을 보시고 한마디 위로를
해주신다면 저는 더없이 행복하겠습니다

저에게 감사라는 것을 깨닫게 해주고 떠나가신 저의 남편은 저에게는 늘 고마운 분이었습니다.
가신 분이 그리워 글을 쓰기 시작했지만, 책으로 엮어지리라고는 전혀 생각지 못했습니다.
그동안 격려해 주시고 지도해 주신 공주대학교 강헌규 교수님, 큰언니와 둘째언니,

그리고 책으로 엮어지도록 힘써 주신 낭산 이기순 선생님께 진심으로 감사드립니다.

낳아서 길러주신 시댁과 친정 양가 부모님,

저희 남편과 함께 근무하셨던 한국표준연구소 동료님들,

그리고 대전 노은동 성당의 이의철 가밀로, 최승범 베드로 두 신부님과 세 분 수녀님들, 충남대 김기대 교수님께도 감사드립니다.

끝으로 두 아들과 며느리에게도 고마움을 표합니다.

2019년 봄이 오는 길목에서

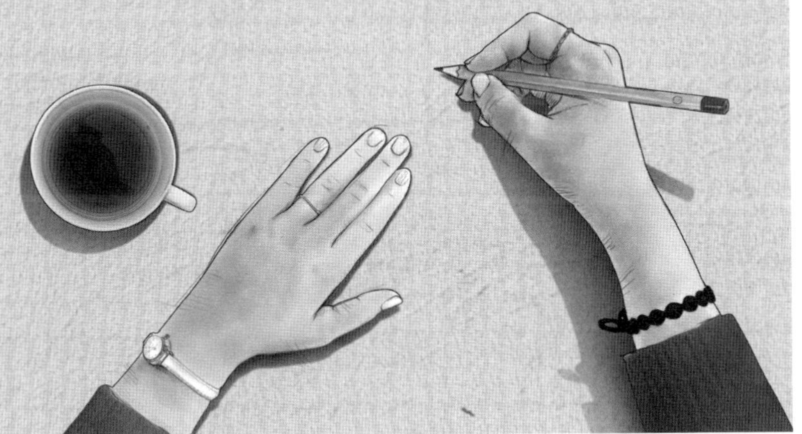

추천사

시집 '당신은 나에게 선물이었어요' 출간에 부쳐

몇 해 전 경북 안동에서 발견된 〈원이 엄마의 편지〉는 어린 자식을 두고 요절한 남편에 대해 절절한 사랑과 애끓는 사연을 적은 망부가(望夫歌) 작품으로 세인들에게 감동을 주고 입에서 입으로 퍼져 나갔습니다.

450여 년의 세월이 흘렀지만 쉬운 한글체 문장이기에 읽는 이의 가슴을 짜릿한 아픔으로 저리게 했습니다.

현대시 서정주의 〈귀촉도〉 역시 대표적인 망부의 노래입니다.

오병남 님의 작품들을 살펴보면서 위의 작품들이 떠올라 휑한 바람이 소용돌이치며 한참을 생각에 잠겼습니다.

우리 인생사에 하고많은 이별이 있건만 평생을 함께할 배필을 떠나보내는 영결만큼 아픈 이별도 없습니다.

오병남 님은 2018년 초에 낭군님 조경행 박사를 폐렴으로 열흘 남짓한 사이에 황망히 떠나보내셨습니다.

말 그대로 믿을 수 없는 청천벽력의 생이별, 평판이 자자할 만큼 끔찍이도 금실 좋은 부부였기에 사별 열 달 삼백여 일 만에 400편이 넘는 글을 쓰셨습니다.

프롤로그에서 밝혔듯이 시가 무엇인지 읽어보지도 못했고, 써본 경험이라곤 더더욱 없는 저자로서는 끓어오르는 못다 한 정을 그냥 적어본 것이라 했습니다.

두툼한 대학 노트 네 권을 연필로 써서 꽉 채운 하나하나의 글들엔 진솔하고 소박한 추모의 정이 넘쳐흘렀습니다.

처음으로 적어본 글들이기에 아직은 표현이 미숙하고 시적 구성이 부족한 면이 있지만, 남편에 대한 헌정시집이라는 의미를 두고 출간을 강력히 권유했습니다.

천성이 착하고 어질기 그지없는 죽마고우 조경행 박사, 이 시집은 세상에 왔다 가신 그의 뚜렷한 흔적입니다.

'황혼 이혼'이라는 새로운 말이 생겨나는 이 시대, 오병남 님의 〈당신은 나에게 선물이었어요〉 이 한 권의 시집이 현대의 많은 부부들에게 작은 본보기가 되었으면 합니다.

낭산 이기순 (시인)

한국조폐공사와 한국표준연구소에서 일생을 헌신한
남편 조경행 박사

부부의 모습

시부모님 내외분

친정 부모님 내외분

차 례

제2부 마지막 선물

제3부 자화상

제4부 성당 가는 길

괴산 운교리 풍경(저자의 스케치)

제5부 추억 일기

제1부

당신의 노래

당신은 나에게 선물이었어요

당신은 나에게 선물이었어요
나도 당신께 선물이었어요
금실 좋다 소문도 났었지요

당신은 나에게 희망이었어요
나도 당신께 꽃송이였어요
당신은 일하고
나는 그림을 그렸지요

당신은 나에게 언덕이었어요
떠나신 후에는
무너질 수 없는
더 큰 언덕이 되었어요.

가신 길

당신이 가셨던 길
나도 언제 갈지 몰라

한순간 웃음 짓고
한순간 눈물짓네

사랑할 날 얼마인가
한순간을 곱게 품어
철부지 인생을 가다듬네.

감사드립니다

낮은 코에 감사드립니다
왜냐고요?
겸손의 표시이니까요.

검버섯에 감사드립니다
왜냐고요?
열심히 살아온 흔적이니까요.

건강하지 못한 몸에 대하여
감사드립니다
왜냐고요?
모든 것이 신의 섭리임을
깨닫게 해 주니까요.

결혼기념일

소꿉놀이 살림살이
재미있었어요
유모차 끌고 다니며
행복했고요.

새집 장만하였다고
잔치도 했었지요
주말농장 농사일도
즐거웠어요.

한평생을 오누이같이
함께 한 인생
당신이 있어서 행복했어요
당신의 손길은 따뜻했어요.

오늘은 삼일절
결혼기념일
당신은 가셨어도
기념일은 살아 있어요.

고난의 아름다움

당신의 이름은 고난
당신을 감히 아름답다고 말하겠어요
내 영혼이 어두움에서
깨어났기 때문입니다.

당신을 스승이라 부르겠어요
내 인생을 아름답게
바꾸었기 때문이지요.

당신을 어머니라 부르겠어요
삶의 진정한
모습이니까요.

당신을 별이라
부르겠어요
언제나 내 가슴에
희망으로 살아나기 때문이지요.

그 자리

당신이 머물렀던
그 자리에는
아름다운 시(詩) 한 수가
남았습니다

당신이 떠나가신
그 자리에는
환한 등불이
켜져 있습니다

당신이 떠나가신
그 자리에는
하이얀 등꽃이
피었습니다

당신이 떠나가신
그 자리에는
풍성한 열매들이
열렸습니다.

그가 갔다

그가 갔다
사랑 남겨 주고 그가 갔다
이승의 먼지 털고 그가 갔다
하늘 품으로.

그가 있다
내 영혼 안에 그가 있다
여기에 있다
천상에 있다.

그의 발자국
그의 몸짓
자비의 하느님이
우리 영혼
우리 사랑
따뜻이 품어 주어
그가 있다.

강이 흐르네

마음에 강이 흐르네
그대와 나 사이에.
강 저편에서
그대 손짓을 해도
난 무슨 말인지 모르겠네.

마음에 강이 흐르네
그대와 나 사이에.
강 건너 저편으로
손을 흔들어 대도
그대는
내 모습을 보지 못하네.

저 강에
다리를 놓아야 하리
사랑의 다리를 놓아
그대와 나
서로 만나야 하리.

그대 떠나면서

그대 나에게 자유를
선물하였소
속세의 때를 벗고
이승의 먼지 털고
하늘의 날개옷 입혀
꽃길을 거닐게 하였소

그대 나에게 우주를
품게 하였소
생명 사랑 자비를
움트게 하는
맑은 하늘을
선물하였소.

그대 이름은 흙이로소이다

그대 이름은
땅의 영광 흙이로소이다
흙으로 산다는 것
밟히며 더러움을
다 받아먹는 것
생명을 잉태하고
생명을 길러내고
아름다운 정원에
꽃들을 키우고
열매를 키우는 그대는
침묵하고 있소이다

언제나 그대 이름은
흙이로소이다
그대 이름은
땅의 영광
흙이로소이다.

그대 있음에

그대 있음에 감사하고
그대 없음에 감사하나이다

그대가 없는 것은
없는 것이 아니요

다만 내 마음이
그대를 보지 못할 뿐

나는 어두움 속에서
더욱 그대를 갈망합니다

그대 나의 영원한 빛이여
그대 있음에 감사하나이다.

그대의 손

검버섯이 피었어도
그래도 좋았소

고추 심고
물을 주고
글씨도 쓰고

삽질하고
고구마 캐고
골프도 치고

검버섯이 피었어요
그래도 좋았소

따뜻한 손
정다운 손
언제 만지나.

그리움

무어라 말을 할까
차마 못 한 말
저고리 앞섶에
간직했었네
옷고름에 새긴
그리움일랑
일찌감치 강물에
흘려보낼 것을

모시적삼 모시치마
깨끼 바느질
그리움 한 땀 한 땀
엮어서 왔네
머리털이 하얗도록
엮어서 왔네.

그리워 1

나는 지금 당신이 입었던
옷을 입고 있어요
당신의 체취를 느끼며

아직도 깃에 묻어 있는
당신의 냄새

당신의 냄새 그리워
당신의 사랑 그리워.

그리워 2

당신이 그리워
텃밭으로 갔어요

봄 햇살이 그리워
텃밭으로 갔어요

부추, 두릅, 달래, 마늘
새싹이 돋아

나물을 한아름
안고 왔어요

당신을 한아름
안고 왔어요.

기도

목숨을 드릴게요
당신 위하여

오늘도 하늘 아래
마음을 모아

영혼의 타는 촛불
밝히어 놓고

당신의 제단 앞에
몸을 굽히네.

꽃가마 길

꽃가마 길 멀다고
마음 줄 놓지 마라
생각지도 못한 날
데리러 온다.

천사의 나팔소리
울려 퍼지면
꽃가마 길
하루에 있네.

아침 점심
저녁 밤
하루에 있네.

모두가 등불 들고
길을 밝혀라.

길에서 만난 형님

길에서 만난 형님
인사하시네요

좋으신 분이셨다고요
예, 매일 글을 쓰지요

정다운 시간
행복한 시간

마음속 세월을
쓰고 있습니다.

꽃길 1

벚꽃 잎이 떨어져
바람결에 나비 되어

길 위에 뿌려지네
꽃길이 여기 있네

면사포 곱게 쓰고
꽃길을 걷고 싶다

아리따운 꽃잎들이
길 위에서 인사하네

꽃길 인생 걸으세요
새각시 마음으로

꽃길 인생 걸으세요
새신랑 마음으로.

꽃길 2

당신 사랑의 꽃길은
아름다웠어요
흔들리는 바람결에도
한여름 소나기에도
뙤약볕 내리쬐는 그곳에서도
걸어갔던 그 길

한 걸음 한 걸음마다
피어나는 꽃들
언덕을 하나 넘을 때마다
흩어져 쏟아지는 별무리처럼

당신의 꽃들은
그 넓은 벌판을 가득 채웁니다
당신의 꽃들은
사랑스럽습니다.

꽃의 노래

꽃향기 맡으며
당신의 향기를 음미합니다

꽃 얼굴 바라보며
당신 모습에 취해봅니다

꽃 색깔 보면서
당신의 아름다움을 생각합니다

그대의 꽃냄새가
나를 황홀하게 하고
그대의 꽃 얼굴에
내 영혼은 빛납니다

그대의 꽃 색깔에
내 마음은 무지개빛
하늘나라가 되고 맙니다.

꿈에 본 당신

‘죽었다더니 살아 있었네’
너무나 반가워
팔뚝 만져본다
혈색도 좋고
표정도 밝다

내 옆에 드러누워
쉬고 있었다
깨어보니 꿈
내 곁에 있고 싶었나 보다
그리운 사람아
그리운 사람아.

꿈에 본 얼굴

투명한 얼굴빛
평안한 사람
정갈한 머리에
흰 셔츠 입고
연민의 눈빛으로
애처로운 눈빛으로
나를 바라보았지
하염없이 보고 있었지

당신은 죽었는데
살아 있었네
외치다가 외치다가
잠이 깨었네
보고 싶은 사람
그리운 사람이여.

나의 사랑 그대여

나의 사랑 그대여
마음 밭에 사랑의 씨앗을 뿌려요
밭고랑의 자갈을 골라내고
굳어진 마음의 땅을 깊이 갈아
팥고물처럼 보드다운 흙에
사랑의 씨앗을 뿌려요

그대와 나 사이에
뿌려진 사랑
그대와 나 사이에
맺어진 언약

폭풍과 눈보라에도
묵묵히 견디고
땡볕 아래서도
싱싱하게 자라나는 사랑의 싹
나의 사랑 그대여
마음 밭에 사랑의 씨앗을 뿌려요.

나의 길

나의 길은
그대 안에 있네
나의 사랑도
그대 안에 있네

그대가 웃으면
나도 웃고
그대가 울면
나도 울고

나의 길은
당신 사랑 안에 있네
나의 사랑은
그대의 길 안에 있네.

내 마음에

내 마음의 사진기
당신 모습 찍어 놓고

내 마음의 사진기
당신 소유물 찍어 놓네

내 마음의 사진기
당신 마음 찍어 놓고

내 마음이 사진기
당신 영혼 찍어 놓네.

냄새로 당신을 만나지요

빨지 않은 옷이
옷걸이에 있네

당신을 냄새로
만나려고요

때 묻은 운동화가
그대로 있네

당신을 있는 그대로
만나려고요.

녹야원 가는 날

마음이 쓸쓸하고
허전할 때는
걸어서 이십 오분 거리
녹야원으로 가네

당신이 신고 다녔던
은빛 운동화 신고
녹야원 봉안관에
당신을 만나러 가네

당신이 입었던
검은색 조끼 입고
당신의 유골 앞에서
평화와 안식을 주시라고
기도 올리네.

농사

도란도란 둘이 앉아
마늘도 심었어요
검정 비닐 씌워 놓고
구멍마다 마늘을 넣고
흙을 뿌려 덮어주고
오늘 일은 다 했구나

당신이 쓰던 모자
당신이 신던 장화
장갑, 호미, 삽, 낫
두릅, 아로니아, 부추
달래, 참나물, 대파
시금치, 백일홍, 작약
주인을 기다리네
하염없이 기다리네.

누비 바느질

한 땀 한 땀 누비었네
누비옷을 지었어요
고운 바느질 고운 마음
누비옷을 지었어요

어린 아들 누비옷도
낭군님의 두루마기도
한 땀 한 땀 바느질로
누비옷을 지었어요

하늘 같은 낭군님이
하늘을 입었네요
갓난아이 어린 아들
바다를 입었네요.

눈물 글썽이며

눈물 글썽이며
미안하오 미안해
아니 오히려 제가 미안해요
맛있는 반찬 못해 드려
정말 미안했어요

당신 구두는 깨끗이 닦아
죽는 날까지 품고 있을게요
당신이 입던 옷도
제가 입고 살게요

당신 겉옷 하나는
당신 아들이 입고 있어요
눈물이 나네요.

당신 목소리

당신 나와 함께
저녁 식사 어때?
다정한 목소리
반가운 목소리
그 목소리 이제는
듣지 못해도
내 마음에 깊이깊이
새겨져 있어요.

밥 잘 먹었느냐고
잠 잘 잤느냐고
위로하던 말
이제 그 목소리
듣지 못해도
내 마음 깊은 곳에
남아 있어요.

당신은 나를 바꾸었소

당신은 나를 바꾸었소
꿈꾸는 시인(詩人)으로

당신은 나를 바꾸었소
노래하는 종달새로

당신은 나를 바꾸었소
그림 그리는 화가로

당신은 나를 바꾸었소
수녀처럼 정갈한 여인으로.

당신은 나의 우산

떠나가신 당신은
나의 우산이었어요

이제 우산 없이
비 오는 날을
견디어야 하네요

이제 우산 없이
눈보라 치는 날도
견디어야 하네요.

당신은 나를

앉으나 서나
길을 걷거나
밥을 먹고
잠을 잘 때도
그대는 나와 함께
다닙니다.

꿈속에서도 내 곁을
지켜주십니다.
당신은 높은 하늘에서 내려와
내 곁에 계십니다.
당신은 죽지 않았습니다
내 곁에 살아 있습니다.

당신은 떠났지만

당신은 떠났지만
새로운 당신으로 내게 다가와
당신의 사랑을 속삭입니다.

이슬비가 잎을 피우듯
내 마음에 사랑의 싹을
틔웠어요.

당신은 가셨지만
생명으로 다시 태어나
날마다 매 순간마다
제 곁에 계십니다.

당신은 늘 사랑으로
내게 다가와
내게 새로운 생명을
선물합니다.

당신은 씨앗으로 왔어요

당신은 시앗으로 왔다가
씨앗을 남기고 가네요

당신은 점으로 왔다가
원을 남기고 갔네요

당신은 목숨으로 왔다가
생명을 남기고 갔네요

당신은 사랑으로 왔다가
사랑을 남기고 갔네요.

당신은

당신은 늘 나에게 선물이었어요
외로운 산책길 친구였어요.

배고픔을 채워주는 양식이었어요
아늑한 토담방 아랫목이었어요
어미닭 품이었어요.

비 오는 날
당신은 나에게 우산이었어요
어느 오솔길 방긋 피어있는
꽃이었어요.

지금은 하늘에서 은총 뿌려주는
천사가 되었네요
당신은 나의 별이 되었습니다.

당신의 나라로

무지개 하늘길 열린 사이로
천상의 노래가 흘러나오네.

당신의 뜨거운 사랑 안에서
꽃길은 살며시 열리고 있네.

당신은 향기로 내게 다가와
은혜의 이슬을 뿌려줍니다.

당신은 나에게 봄바람으로 찾아와
당신의 나라로 데려갑니다.

당신의 노래

세상과 소통이 끊어지고
생명이 끊어지고
이승의 옷을 벗고
이승의 고뇌를 벗고
훨훨 날아간 당신

외로운 길
한 번도 가보지 않은 길을
오직 하느님 앞에
오로지 내 인생 앞에
모든 것 셈 바치며
가셨던 그 길

당신은 지금 하늘나라에서
기도하고 계시겠지요
가족과 친척들과
알고 지냈던 모든 분을 위하여

당신은

나의 스승이었어요

영원한 사랑이었어요

고난 속에서도 실망하지 않고

늘 밝은 웃음 속에서

행복하셨던 분

불러 봅니다

그리운 나의 정배여

그리운 나의 사랑이어.

당신의 냄새

당신이 번 돈으로
검정 외투를 샀어요

돈을 쓸 때마다
당신의 마음이 묻어납니다

과일을 사도
식당에서 밥을 먹어도
당신의 땀 냄새가 납니다.

당신의 머리카락

당신의 머리카락
마지막 머리카락
가위로 싹둑 잘라
유물로 간직해요
사진첩에 고이고이
간직하여 보고지고

당신의 머리카락
만질 수 있는 당신 모습
머리카락 한 올 마다
숨겨진 사연들
당신을 향한 그리움입니다.

당신의 숨결

해가 지는 서녘 하늘
우리 임이 가신 하늘
당신의 해는 밝았어요
당신의 해는 따뜻했어요

내 영혼에 남아 있는
우리 임의 숨결은
저녁노을 구름 속에
감미롭게 녹아 있네

내 사랑 안에 남아 있는
우리 임의 숨결은
코끝을 스치는 바람결에
향기롭게 녹아 있네.

당신의 옷

옷걸이에 당신이
걸어 둔 옷

당신의 냄새가
남아있어요

당신의 옷을
빨래하기 싫은 것은

한 번 더 냄새라도
맡고 싶어서지요

죽는 날까지 당신의 체취를
맡고 싶어서지요.

당신의 정원

쪽파, 달래, 냉이, 시금치
당신의 얼굴

마늘, 고추, 감자, 고구마
당신의 얼굴

괭이, 삽, 장갑, 장화
당신의 손

봄빛 쪼이는 곳
당신의 놀이터
당신의 정원.

당신이 그리울 때

당신이 그리울 때
당신의 신을 신어봅니다
그리고 걸어갑니다
당신의 넉넉한 마음을 느끼며
걸어갑니다

은빛 운동화
초록색 끈
씩씩한 발걸음
빛나는 인생
파릇파릇 움트는 인연
보듬으며 살아갑니다

당신의 따뜻한 마음이
내 발을 감싸줍니다
나는 당신을 신고 다니며
행복을 맛봅니다.

떠나간 후

사람이 살고 간 후
남는 것은 사랑 뿐
사람이 떠난 후
남는 것은 정 뿐
사람이 살고 간 후
남는 것은 진실 뿐

흘러간 인생은
다시 오기 어렵고
떠나간 사람
살아오지 않으니
오직 당신을 기리며
당신의 사랑을 간직하리.

떠나신 후

당신이 떠나신 후
나는 비로소 행복을 맛보았습니다
왜냐고요?
당신의 사랑을 깨달았기 때문입니다

당신이 떠나신 후
이제야 진실을 깨달았습니다
왜냐고요?
당신의 순수를 느꼈기 때문입니다

당신이 떠나신 후
부활을 깨달았습니다
왜냐고요?
내 영혼이 깨어났기 때문입니다.

마음

마음이 아프다고
말하고 싶으나
받아 줄 사람이 없네.

그냥 참고 있으니까
불청객 외로움이
세차게 몰려오네.

흩어진 마음을 가다듬어
문밖을 나서네.

마지막 날에

내가 죽음을 맞이하는 날
당신 제단 위에
저의 모든 삶을
돌려드리겠습니다

나의 몸 나의 영혼
나의 숨결 모든 순간을
당신께서 주신 사랑
당신께 셈 바치며
돌려드리겠습니다

당신 것을 썼으니
나는 당신의 사람
당신 소유를
저의 소유로 삼았으니
나는 당신의 종
당신의 여종입니다

제2부

마지막 선물

마지막 문자 편지

2017년 11월 5일 화요일 6시 21분
네덜란드에 잘 도착하여
숙소에서 씻고 자려고 하오.
고맙고,
건강 잘 챙기세요.
밤에 도착하여 그런지
궂은비도 내리고
을씨년스럽소.

2017년 11월 10일 금요일 10시 46분
여보!
잘 지내고 있소?
나도 밥 잘 먹고
잠 잘 자고 잘 지내고 있소
어제는 주일이라
암스테르담에서 미사 참례하고
고흐 미술관 관람하고

시내 관광하면서 쉬었소.

하루 종일 비가 오락가락 춥더니

오늘은 구름 한 점 없이 쾌청.

암스테르담을 떠나 로테르담으로 가는 기차를 타고.

산 하나 없는 드넓은 평원을 달리고 있소.

거기서 이틀 묵고 다시 암스테르담으로 와서

인천으로 갈 예정.

시간 되면 다시 연락드리리다

건강 잘 챙기시고 즐겁게 보내세요.

마지막 선물

빈센트 반 고흐의
난초 그림이 새겨진 비단 머플러
암스테르담에서 사온
당신의 마지막 선물
그 머플러를 바라보면
당신의 마지막 인생이 보여요
그 머플러를 바라보면
당신의 사랑이 보여요

떠나기 전 마지막 선물
나는 차마 그 머플러를
목에 두르지 못하고
액자 속에 고이 간직했어요
죽는 날까지 그 안에 있는
당신을 바라 볼 것이에요
당신의 마지막 선물을
바라 볼 것입니다.

물가에 내놓은 어린 애

세상 물정 몰라
남의 눈치 몰라
어떻게 말해야
좋을지 몰라

천둥벌거숭이 같은 나를
데려다 놓고도
좋다고 했지
돈 챙겼어?
가방 챙겼어?
늘 챙겨 주었지

한 잔 술을
마신 후 콧노래를 부르며
이게 내 마누라 맞나?
얼굴 비비며
히히 웃곤 했지.

물음표

나는 당신에게 어떤
사람이었습니까?

나는 당신에게
선물이었나요?

내 마음속에
당신 모습이
있었습니까?

나는 당신에게
살아있는 역사책이었습니까?

나는 당신의 은혜를
아는 사람이었습니까?

별이 총총한 밤에

총총히 박힌 별
밤하늘 바라보네
하늘로 가신 임 그리워
내 정다운 임 그리워

그대 가신 게 아니라
내 마음에 계시네
마음속 깊은 곳에
살아 계시네

내 심장에
사랑으로 흐르네
빛나는 삶 살라고
외치고 있네
향기로운 삶 살라고
격려하고 있네.

바람이 되어

나는 봄바람이 되어
그대의 창가에 머물고 싶어요
그대의 닫힌 마음을 여는
바람이 되고 싶어요
그대의 헝클어진 마음을
쓰다듬어주는 바람이 되고 싶어요

강아지, 민들레, 장다리꽃
얼굴을 간질어 주고
댓돌 위에 닦아 놓은
하얀 고무신 물기도
말려주고 싶어요
나는 바람이 되어
산들바람이 되어
꽃과 나비의 동무가 되고 싶어요.

빈 밥상

새로 띄운 청국장 끓였어요
맛있어요?
고들빼기김치도 많이 드세요.

콧구멍 벌렁거리며
잘 먹었다고
맛있었다고.

빈 밥상 앞에서
그대를 본다
옛 추억을 본다.

사랑

불쌍한 죄인이 내 앞에 있구나
오오냐, 당신의 마음이
오죽 괴로우랴

당신을 안고
당신을 품어
당신의 냄새
당신의 고름
내가 씻을게

내가 죽고
당신을 살려
내 몸을 살라
내 영혼을 살라
당신을 가슴에 안네.

빛과 그림자

빛이 있으면
그림자 있네

어두움이 있으면
밝음은 더욱 찬란하지요

찬란한 빛을 향한 열정은
짙은 어두움에서 더욱 빛나고

고통은 어두움을 청소하는 청량제
고통은 나의 스승

나의 손님이신 그대
흰옷을 입고 영접합니다.

사진 속의 당신

사진 속 여행길은
그냥 즐거워

젊기도 하거니와
다정도 하다

바다며 산이며
들판에서도

행복한 시간들이
웃음을 짓네.

산 고개 넘어

산 고개 넘어
곰보 책상 지고
산 고개 넘어
쌀 한 말 지고
산 고개 넘어
눈 쌓인 고개 넘어

고향 집 토담방
화롯불 곁에서
어머니의 따뜻한
뚝배기 옆에서
사랑과 인정은
자라나고
희망과 온정도
그렇게 키웠다.

새 등을 켜고

“어두운 것 싫어”
“등 좀 바꿔요”
“뭘 그냥 지내지”

오늘 엘 이 디
등으로 바꾸었어요

당신이 불 켜고
글 쓰던 방을

당신께 죄송했어요
당신께서 환한 방에서
글을 쓰셨더라면……
죄송해요.

새 하늘

새 하늘이 열리고 있네
한 세상이 탄생하고 있네
1막은 끝나고
2막이 시작되었네

그대의 따뜻한 입술은
차디찬 돌로 변했지만
세상의 아름다움은
이제야 드라마를 시작한다

새 빛 드라마 이제 시작하니
영원 속에 그대 모습
환히 보이네요

하늘의 파노라마 세상에 펼쳐지니
온 우주가 환호하고
새 하늘이 열리고 있네요.

새로운 잉태

꽃처럼 내게 다가와
나비처럼 떠나던 날
그대는 나에게
새 생명을 주었어요
다디단 생명수는
내 영혼을 길렀고
부드러운 이별 곡은
마음 자락을 휘감습니다

하늘 오르는
불길에서도
춤추며 내려오는
흰 눈 속에서도
당신의 얼굴이 스쳐갑니다
이삭은 여물고
사랑은 무르익어
한겨울 추위에도
꽃들이 피어납니다.

샘물

시(詩)가 솟아납니다
순간순간 솟아납니다

당신의 사랑이 샘물처럼
시가 되어 솟아납니다

새벽녘에도 한밤중에도
솟아납니다

새로운 세상이 열립니다
새 마음이 열립니다.

서울 간 친구

강변 언덕길 오막살이에
봉당에는 작은 고무신들이 흩어진 채
조무래기 동생들만
방안에 가득하다
까까머리 중학생은
서울로 가고.

수십 년 만에 만난 친구
패션회사 회상님이시라고
강변 언덕길 오막살이 집
먹을 것 입을 것 없던 시절
서울은 서울은
생명줄이었네.

*작품 속의 주인공은 여성복 전문 '이헌영 패션'의 사장님입니다.

선물

당신이 떠나시고
나 홀로 남은
텅 빈 공간에서
고요한 시간과
만났습니다

생명에 대한 경외심이
내 사랑 안에 머물고
사랑을 향한
축제의 시간이 열립니다

시간의 흐름 안에서
새로운 창조의 기쁨을 누리고
세상 끝까지 울려 퍼지는
환희의 찬가를 불러봅니다.

선율

가락은 남몰래
내게 내려와
내 마음에 곡조를
만들었어요

가락은 색동옷 입고
내게 내려와
영혼을 무지개로
장식했어요

무지개 하늘 위로
타고 올라가
보석을 뿌립니다
춤을 춥니다.

섬기러 왔어요

섬기러 왔어요
당신께 엎드려
내 마음을 조용히
달빛에 실어 보내고

당신은 나의 새 신부
나는 당신의 종
당신을 위한 사랑
돛단배로 살고지고
당신이 원하시면
어디든지 떠나지요.

신발

검정 구두는 예식장 갈 때
헌 구두는 밭에 갈 때
운동화처럼 생긴 신발은 출장 갈 때
세 켤레 구두가 나란히 있다

당신의 발걸음 소리 들으며
신발을 바라다본다
여보, 잘 다녀오세요
어서 오세요.

아무도 나를 찾지 않을 때

아무도 나를 찾지 않을 때
나는 당신을 바라봅니다
아무도 나를 바라보지 않을 때
나는 비로소 당신을 찾습니다

당신의 그윽한 눈빛은
내 영혼을 꿰뚫고
당신의 찬란한 빛에
내 영혼은 별처럼 빛납니다

당신의 넓은 자비의 품에서
하늘을 봅니다
아무도 나를 찾지 않을 때
당신의 생명수를 마십니다.

아버님 제삿날

아버님은 만 섬 술
우리 임은 천 섬 술
우리 임의 딸기코
아버님을 닮았네

오늘은 제삿날
그리운 아버님 제삿날
당신 제사상에
한 잔 술을 올립니다

당신 닮은 막둥이 아들
이제는 먼 세상 사람
막내아들 대신하여
손자들이 술잔 드립니다
용서하여 주십시오.

어머니

무명 적삼 아래 늘어진 젖
짚 냄새 풍기는 앞치마
군고구마 숯검댕이
부뚜막 가마솥 아궁이 앞에
부지깽이 두드리던 막내아들

그렇게 키운 막내
월남 정글 속을 누비는
아, 자랑스런
맹호부대 용사였지
전쟁터에서 무사해 달라고

장독대 정화수 앞에서
마음 졸이시던
어머니
어머니.

언제까지나

당신이 잘 벌어다 주어
잘 먹었어요
언제까지나 그런 인사를 하며
길이길이 살 줄 알았어요

당신의 발을 주무르며
덜 피곤하세요?
종알거림 속에서
언제나 그렇게 살 줄 알았어요

밭에 무엇을 심지?
풀은 언제 뽑지?
고구마는 언제 캐나?
언제나 언제까지나
그렇게 살 줄 알았어요.

엎디어 절하나이다

남의 비난에도
남의 칭찬에도
달콤한 유혹에도
견디어내는 당신께
엎디어 절하나이다

돈의 유혹에도
명예의 손짓에도
게으름의 이끌림에도
견디어내는 당신께
엎디어 절하나이다

남의 허물로 보고도
육신의 상처를 안고서도
잘 버티어내는 당신께
엎디어 절하나이다.

십 리 학교길

십 리 학교길이
너무 멀어서
일곱 살 어린놈은
냇가로 갔네
친구들과 어울려
냇가로 갔네
돌들을 들추어
가재를 잡네

십 리 학교 길
너무 멀어서
산모롱이 소나무 숲
언덕 위에서
어머니가 싸 주신
점심만 먹고
놀다 놀다 지치면
집으로 왔네.

영정 사진 앞에서

당신의 영정 사진 앞에서
당신의 얼굴에
성호를 그어봅니다

당신을 사랑합니다
평안히 쉬세요
인사를 합니다

늘 나를 바라보고
지켜주고 계신 당신
당신의 사랑이
나의 영혼을 휩싸고 듭니다

떠나가신 당신이
나를 지켜주십니다
당신은 예수님처럼
제 곁을 지키고 계십니다.

영정 사진

영정 사진 속 젊은이가
웃고 있네요
그 앞에서 젊은 아낙
통곡하고 있네요

어찌하여 떠나셨나
나는 어찌하라고
어린 아들 엄마를
위로하며 품어주네요

슬픔이 찼어도
무너지지 마세요
가신 분을 위하여
기도하세요.

영혼에 묻어

그대 가슴에 묻네
영혼에 묻네
내 가슴에 그대 있고
그대 가슴에 나 있으니

저승길이 쉬운 줄은
아무도 모르는 법
천당 길이 이다지도
활짝 열릴 줄 몰랐어라

그대 영혼
내 마음에
오늘도 살아있네.

운전석

언제나 내 곁에서
차를 몰았지
차를 대놓고
늘 기다렸지

시장가고
고향 가고
등산 가고
여행 갈 때도
언제나 내 곁에서
차를 몰았지

이제는 차가 없어
걸어 다녀요
그냥 걸어요.

이별 1

이별했다고 말을 하니
이별이 아닌 것 같고

오히려 많은 선물
받은 것 같네

마음 밭을 일구어서
정신을 가다듬고

오롯한 마음 가다듬어
새 심장을 간직하네

하늘을 우러르며
날개옷을 지어보네.

이별 2

어머니-
문을 박차고 들어선 아들
펼쳐진 손가락
하늘로 열려
그리운 어머니
보듬고 있네

눈물로 세수한 막내아들
그리운 어머니 임종 앞에서
그리운 어머니 사랑 앞에서
고개 숙여 엎드려 있네

어머니 어머니
우리 어머니
하염없이 불러보는
우리 어머니.

은구비공원

저녁밥 먹고 도는
은구비공원

당신은 다섯 바퀴
나는 세 바퀴

만나고 헤어지고
헤어지고 또 만나고

당신은 공원길에서
나를 찾고 있었네요

나는 당신을
기다리고 있었어요.

이불 꿰매던 날

이불 홑청
물 먹이고
밟아 다려
한 땀 한 땀
꿰매어 놓고
이것 덮고 주무세요
가슬가슬 좋지요?

또 선물을 하겠어요
발을 주물러 드릴게요
코끝 벌름
얼굴빛 화사하고
봄날이네요.

임종

인생의 마지막 순간
찾아오니
귀하디 귀한 생명
숨을 멈추네

바쁘게 걸었던 두 발
열심히 일했던 두 손
다정했던 그 목소리
그윽했던 그 눈길도
이제는 주님께
모두 바치네

자식들 사랑했던
그 자애로움도
애틋한 부부 사랑도
이제는 주님께
돌려드리네

인연

성당 옆 작은 찻집
처음 만난 당신
작은 키 작은 몸
토라질 것 같은 인상
친정아버지 말씀
사람 괜찮지?

옷이 크면 못 견디고
시간 약속 정갈하고
인간관계 깔끔하고
업무에 충실하고
내 인생의 선배요
스승이었네.

입관 예절 앞에서

수의 입고 누워 있는
단정한 자태
결심 강한 입술 위에
맴도는 위엄

살아생전 모습보다
강한 얼굴이
장수(將帥)의 얼굴인 듯
학자(學者)의 얼굴인 듯
결연한 모습

생전의 모습보다 정갈한 얼굴
생전의 모습보다 당당한 태도
이제야 추수 열매 보이는구나
이제야 본디 모습 보이는구나.

장가드는 날

충층이 보이는
울 어머니 치맛자락
털신 위에 두루마기
가릴 일이 무엇이냐
행복한 미소가
온 세상에 퍼져 간다

막내아들 노총각
늦장가 들었으니
폐백닭을 머리에 이고
더덩실 춤추신다
콧노래가 절로 나네
동네 사람 술 취하네

막내아들 노총각
술 취한 막내아들
노랫가락 흥겨웁네
어깨춤이 절로 나네.

좋으신 당신

당신을 안고 있을 때
나는 흐뭇했어요

당신을 안고 있으면
시름이 다 날아갔어요

하늘나라에 계신 당신은
나를 그저 바라보고만 있겠지요

잘 있나, 건강한가
하늘에서 내려다보고 계시겠지요.

죽음

사람이 죽으면
재가 되네
사람이 죽으면
영혼만 남네

빛나는 영혼은
별이 되고
별은 우리들을
비추고 있네

무수히 많은 별들
무수히 많은 영혼들
빛나고 있네
하늘에서.

쥐불놀이

두둥실 보름달이
동산에 떠오르면
쥐불놀이 깡통 들고
뒷산에 올라가서
쥐불놀이 밝은 불이
동그라미 그려놓네

어두움을 살라 먹고
액운을 살라 먹고
불처럼 횃불처럼
일어나라 일어나라
고운 마음 일어나라
육신 생명 일어나라.

책보

들판을 냅다 달려
사립문을 뒤로하고
걸레 위에 던진 책보
어디 있는지 나도 몰라
해 질 녘 돌아온 집
배가 고파 돌아온 집

쓰러지듯 졸린 듯
저녁 먹고 잠든 후에
아침에 학교 갈 일
난감하네 난감하네
숙제는 고사하고
책보가 없어졌네
엄마야 누나야
내 책보 어디 갔어?

천국 티켓

천국 티켓 드리며
보따리를 챙겼어요
당신의 여행지를
축복합니다

영원한 사랑이
머무르는 곳
당신께서 이곳으로
손짓합니다.
펠리컨의 날갯짓을
보내옵니다.

*사망 신고 하고 쓴 시(詩)

* 펠리컨: 새끼를 기를 때 앞가슴의 피를 쪼아 먹인다.

침묵의 노래

싹이 돋고
잎이 피네
소리도 없이

꽃이 피고
꽃이 지네
조용히 조용히

해도 달도
뜨고 질 때
소리가 없고

밟히는 흙조차
말이 없구나.

한 쌍

내 앞에 앉아 있는 한 쌍
정말 좋아 보여요
부럽기만 해요
나도 부러움을 살 만큼
다정했었지요

봉헌하러 나가는 한 쌍
아름다워요
우리도 함께
봉헌했었지요

아름다운 시간은
축복이었어요
당신과 함께한 시간은
행복했었어요.

한 해를 보내며

하늘로 떠난 임
그리워 그리워
시(詩)를 쓰기 시작한
2018년 한 해

하늘 문 활짝 열고
우리 임
구만리 먼 먼 길
떠나가셨네.

새 출발 하시려
하늘로 갔네
모든 것 임의 길이니
그저 기도하며
살아야 하리.

흰 가운

흰 가운 주머니에
새겨진 이름
조 경 행 -

가운을 개키면서
그냥 반가워

이 옷에 묻어나는
오래된 체취

서랍장에 고이고이
간직하리라.

제3부

자화상

나이

나이를 먹는 것은
멋진 일이지
익어간다는 것은
신비로운 일이지

논에 심은 어린 모
봄, 여름, 가을 지나고
겨울에 양식이 되네
밥이 되네
많은 목숨 살려내는
생명이 되네.

내 마음의 옹달샘

내 마음의 옹달샘
맑은 샘물은
언제나 쉼 없이
솟아나지요
참새가 와서
목욕을 하고
까치도 물 마시고
날아가지요

내 마음의 옹달샘
맑은 샘물은
나그네가 오가며
목을 적시네요
내 마음의 옹달샘
맑은 샘물은
하늘을 바라보며
웃고 있지요

내 안의 어린아이

나는 이미 노년(老年)인데
어른이 되었을까?

내 안의 어린애가
자꾸 보챌 때
힘들고 어렵기만 하네

내 안의 어린아이
달래어 보네

얘야, 사는 것은
모든 게
감사한 것뿐이란다.

내 얼굴에 침 뱉기

내 마음을 흔들어 놓은 사람

그 사람이 못마땅하여

남의 허물을 쏟아냈네

내 얼굴에 침을 뱉었네

눈(雪)

하얀 옷
하이얀 이불을 선물한
당신은 어디에서 오셨습니까?

이야기 도란도란
꽃 피우며 오신
당신은 어디에서 오셨나요?

부드러움과 포근함을 선물한
당신은 누구십니까?

소리 없이 왔다가
사라지는 손님
당신은 누구십니까?

눈(眼)

육안(肉眼)으로 바라보면
어지러워요

마음의 눈으로 바라보면
이해할 수 있어요

영안(靈眼)으로 바라보면
자비로워지겠지요.

늙음

늙는다는 것
늦가을 단풍처럼 찬란합니다
오색영롱한 너의 모습에
찬사를 보냅니다

푸른 계절은 갔지만
아름다움을 드러내어
우주를 찬미하는
계절이 되었습니다

낙엽으로 갈 운명이지만
곱디고운 몸짓으로
환한 미소로 인생을 영접하는
너 늦가을이여
그대에게 찬사를 보냅니다.

바람

내 뺨을 스쳐가는
산들바람은
내 마음을 살짝
엿보았나 봐요
헝클어진 마음을
가져가네요

내 머릿결을 스쳐가는
산들바람은
내 생각을 살짝
엿보았나 봐요
복잡한 생각을
가져가네요.

바람이 되어

바람이 되어
하늘을 날고 싶어요
따사로운 봄바람이 되어
어디든지 가고 싶어요

구름을 만나면 구름과 놀고
높은 산 바위에 앉아 쉬기도 하고
끝없는 사막에
비를 몰고 가서
단비를 뿌려주고 싶어요

부드럽고 촉촉한 바람이 되어
숲과 산과 평원과 마을을 다니며
생명이 약동(躍動)하는
정원을 가꾸고 싶어요.

보고 듣고 말하기

눈먼 이 앞에 내가 있네
눈먼 내가 있네

귀머거리 앞에 내가 있네
귀먹은 내가 있네

벙어리 앞에 내가 있네
말할 줄 모르는 내가 있네

눈멀고
귀먹고
말할 줄 모르는 나

언제 눈 뜨고
언제 듣고
언제 똑바로 말할 수 있겠나.

말(言語)

내가 던진 말이
가랑잎이 되지는 않을까

무심히 던진 말이
비수(匕首)가 되지는 않을까

함부로 내뱉은 말이
지옥행 차표가 되지는 않을까

말이 무서워서
침묵을 하련다

말이 칼과 같아서
꼭 써야 할 때만 쓰련다.

비 오는 날

비 오는 날은
이불 꿰매는 날
바늘땀 하나에
정(情) 하나
바늘땀 하나에
그리움 하나
방울방울 내리는 비
추억으로 엮어지네

비 오는 날은
그리움이 솟아나는 날
비 오는 날은
정(情)이 솟아나는 날
비 한 방울에
그리움 하나
비 한 방울에
정(情) 하나.

삶 1

말 못 할 사연도 많아
말 못 할 사정도 많아
바위에 앉아
먼 산을 보네
바위에 앉아
내 마음을 보네

꽃도 나무도
말이 없네
강물도 하늘도
말이 없네
피고 지고
흐르고 있을 뿐.

삶 2

구름이 오간다 하여
근심할 일 무엇이냐
화창한 날 오래면
비가 그립고
비 오는 날 오래면
해가 그립다

마음에 구름 있다 하여
두려울 것 무엇이냐
구름 흘러가면
해가 날 것을
더 맑은 하늘
바라볼 것을.

수다쟁이

어릴 때는 숙맥 같다는
어른들의 말을 들었어요

이십 대 청춘에는
바보 같다는 말을 들었네요

삼십 대 아이 엄마였을 때는
꿔다 놓은 보릿자루라는
이웃집 아주머니 말을 들었고요

사오십 대부터 조금씩
수다스러워지더니

육십 대 할미가 되니까
수다쟁이로 변했어요

앞으로는 차라리
숙맥 같고 바보스럽다는 말을
들으며 사는 것이 좋겠어요

나무등걸에 매여있는
누렁이 소처럼

그냥 그렇게 아무렇지도 않게
살고 싶어요.

생일

오늘이 사월 이 일
예순여섯 해 살아오며
무엇을 배웠는가?

예순여섯 해 살아오며
얼마나 사랑했나?
얼마나 성실했나?

생일이 아름다워
탄생이 경이로워
부모님이 위대한 일 하신 날
어머니 희생이 시작된 날

또 하나의 사랑을
마련한 날
이날을 기뻐하며
춤을 추어 보세.

소나무

껍질 터지고
등허리 굽고
비가와도
눈이 와도
바람이 불어도
청청한 솔잎

우리 형님 허리 닮은
소나무 등걸
우리 형님 손등 닮은
소나무 껍질

청솔가지에
흰 눈 쌓이는 날
백팔번뇌 사라지고
선녀 되어 날아오르네

설원(雪原)

영원한 침묵
먼지 사라져
소리도 사라진 곳
광채 빛나네

산등성이
서 있는 나무
신화처럼 신비롭다

온갖 이야기 이어지고
꿈이 춤추는 곳
신비한 노래 퍼져가는 곳

설원(雪原)
바람 쉬어 가는 고요
그대 우리들의 영원한
동경의 세계.

안승각(安承珏) 선생님

육안(肉眼)으로 보지 말고
심안(心眼)으로 바라보라
너의 사상(思想)과
너의 감성(感性)을 가져라

물감값 그림 도구값 깎으면
그림 그릴 자격 없다
세상 사람들의 평가를
겸허하게 받아들여라

악평을 들어도 흔들리지 말아라
자연(自然)은 위대한 스승이다
따끔한 가르침을 주신 분
안승각(安承珏) 선생님.

엄마

엄마가 장에서
돌아올 때면
느티나무 길목에
하이얀 머리수건이
먼저 보이네.

엄마 소리치며
달려나가면
왕사탕 몇 알
주머니에서 나오네

달콤한 사탕
꿀맛에 취하면
꿈속의 나는
행복한 선녀가 되네.

여인

하이얀 양산 속
쪽진 머리

옥빛
모시 치마저고리

흰 고무신 흰 버선
정갈한 여인

지나간 세월 속에
숨겨진 이야기

모시 한복 도련선에
묻어나오네.

이종수 선생님 도자기 앞에서

터진 살결
불타는 속마음
흙으로 태어나서
반죽하여 돌려지고

불 속에서 몸을 태워
새 몸으로 탄생했네
붉은 넋을 만나려고
불 속에서 견디었네

나의 넋은
너의 넋으로 이어지고
너의 순결은
나의 순결이 되네.

인생(人生)

인생을 고해(苦海)라
부르지 마오
인생
너의 이름은 환희
그저 경탄할 일만
보게 되지요

해가 뜨는 것
해가 지는 것
밤이 오는 것
아침이 오는 것
꽃이 피고
새가 울고

인생을 고해라
부르지 마오
인생
너의 이름은
놀람 교향곡.

자화상(自畫像)

거울 앞에서 바라본
나의 얼굴은
낮은 코에 소복한 눈
치켜 올라간 눈꼬리

거울 속 여인은
못생긴 얼굴
못생겨도 괜찮아
성실하니까
모델료가 없으니까

자화상 형태가
화폭에서 생성되네
색채로 형성되네
자화상은 또 다른 나
새로 태어난
또 다른 나.

주어진 대로 살자

코가 낮으면
낮은 대로
눈이 소복하면
소복한 대로
키가 작으면
작은 대로

일이 있으면
있는 대로
일이 없으면
없는 대로

바람이 불면
부는 대로
마음이 오가면
오가는 대로
감사하며 살자
만족하며 살자.

좋다

오늘은 오늘이라 좋다
지금은 지금이라 좋다

비가와도 좋고
눈이 와도 좋다

바람이 불어도 좋고
햇볕이 쨍쨍
내리쬐어도 좋다.

친구

없는 반찬 주섬주섬
꺼내어 놓고
있는 밥 그대로
상을 차린다
이야기 밥
정다운 밥
추억 먹으며
한술 밥을 부담 없이
뚝딱 해치운다

속내까지 다 보이는
글을 보이며
좋아라 웃어가며
떠들고 있네
큰길까지 배웅하고
돌아오는 길
좋은 친구 고맙다
잠 잘 자거라.

침묵

나무는
비를 맞아도
바람이 불어도
눈이 내려도
서리가 와도
말이 없습니다
나무에 피는 꽃
침묵의 꽃
아름다운 꽃.

타고르 시(詩)

영혼의 갈증에
생명수로 다가오는
타고르의 시(詩)

타고르 그대는
늘 그리워했던
마음의 고향

가슴 깊이 사모했던
아리따운 여인

늘 따뜻하고 다정다감한
고향의 어머니

영혼의 날개를
달아주는 신의 전령사.

한복

감추어진 몸매
다소곳한 여밈세
가려진 것들이
아름다워
은은히 비치는
고운 살결은
꿈결에도 아름다운
선녀 모습

곱게 빗어 넘긴 머리
정갈한 자태
성스러운 여인의
고운 옷자락
자비의 향기가
퍼져 나가네
하늘의 향기가
퍼져 나가네.

혼자 사는 것

늘그막에 홀로 사는 것은
하느님의 부르심이네

마음에 쌓인 먼지 씻어버리고
고요하게 내 마음을 바라보라고

명상의 시간을 주이었다네
살아온 인생을 정리할
시간을 주시었다네

휴식

내 입도 쉬고
내 귀도 쉬고

내 눈도 쉬고
내 마음도 쉬는 시간

그 시간 한가운데
머물고 싶다

제4부

성당 가는 길

깃발

성모님 군대 깃발 아래
우리 낭군 모셨으니
어이 이리 큰 은혜가
어이 이리 큰 사랑이
이곳에 내려오나
자비하신 하느님이
천상 복락 주시려고
사랑하는 우리 임을
고이 인도하였어라

눈물도 거두시고
고통도 거두시어
하늘나라 천상나라
새 빛 새 옷 갈아입혀
주님 품에 안겼으니
엎드려 감사하네
우리 주님께 감사하네.

김대건 안드레아 신부님

열다섯 어린 나이에
진리 찾아 길 떠났네
사제 수업 고행 수업
말없이 마친 후에
천 리 길도 만 리 길도
멀다 않고 다니시었네

북풍한설 눈보라도
그의 의지 못 꺾었네
조선 백성 살리려고
구만리를 걸었었네
새남터에 흘린 피가
우리 영혼 씻어 내네

신부님의 유해 앞에
무릎 꿇어 기도하며
세상 유혹 없어지고

천상 보화 열어 주네
지극정성 오롯한 마음
거룩한 마음 솟아나네.

꽃길

우리 엄마 걸었네
꽃길 걸었네
희생의 꽃길은
십자가의 길
긴 세월 기도 속에
영근 꽃길은
하느님의 은혜로운
영광의 길이었네

우리 엄마 꽃길은
붉은 꽃길은
장미보다 더 진한
사랑의 꽃길
하느님 영광 안에서
함초롬 백합꽃
꽃길이었네.

때 묻은 너

때가 묻어 냄새나는
나의 자식들
너를 안고 너를 씻겨
품에 안으리

죄를 지어 불쌍한 놈
너무 가여워
타는 가슴 찢긴 마음
죽을 듯하네

죽을 죄인 당신께서
용서하시니
깊은 사랑 깊은 정성
어이 갚으리.

떠나기 전에

지금 다투셨다면
진심 어린 마음으로
용서를 비세요
사람 떠나기 전에

지금 사랑하고 계시다면
더 많이 사랑하세요
사람 떠나기 전에

만질 수 있는 사람
곁에 있는 것은
더 없는 축복입니다
축복 많이 해 주세요
사람 떠나기 전에.

마가렛과 마리안느

뭉그러진 얼굴
손가락 없는 손
온몸에 상처 투성이
나병 환자의 살에
맨손으로 약을 바르고 있네

마가렛과 마리안느
소록도 나환자들을
한평생 돌보셨네
버림받은 예수님의 상처에
약을 바르고
버림받은 마음의 상처에
향유를 발라 주셨네

나병 환우 어머니로 사셨던 두 분
당신의 사랑에 병든 몸이 나았어요
당신의 사랑에
마음의 나병도 치유되었어요.

마음 밭

마음 밭에 잡초가
날마다 올라오네

마음속 번뇌가
스쳐 갈 때면

스쳐가는 찬바람
견디어 보네.

민들레

성당 가는 길
담벼락 아래
노오란 민들레
보도블록 사이에서
꽃을 피우네

노오란 꽃 얼굴 속에
희망이 있네
하얀 솜털 방울 씨앗
소망을 날려 보내네
가볍게 가볍게
씨를 날리네

민들레야 민들레야
어디로 가니?
희망 소망 바람 타고
어디로 가니?

사제

벗겨진 모습으로
서 있는 그대
제의 속에 숨겨진 비밀
하늘과 나만이 아는 친밀감

때로는 지치고 때로는 외롭지만
십자가 앞에서는 견딜 수 있어
바쳐진 목숨 바쳐진 인생

놀랍고도 신비스러운
하늘의 영광을 위하여
두 손 모아 무릎 꿇어
당신의 위안이 되네.

산티아고 순례길

산티아고 순례길은
두려움이 사라지는 길
한 걸음 한 걸음마다
주님의 섭리를 깨닫네

산티아고 가는 길은
묶인 마음이 풀어지는 길
한 걸음 한 걸음마다
마음의 짐을 내려놓네

산티아고 순례길은
기쁨의 길
한 걸음 한 걸음마다
우주의 아름다움을 느끼네.

사순절

머리에 향유 뿌리고
정갈한 새 옷 입고
새 신을 갈아 신고
당신을 맞으러 떠납니다

마음에 사랑 품고
손에는 청사초롱
두 팔 크게 벌리고
당신을 맞으러 달려갑니다

희망의 날개 달고
천사의 날개 달고
당신을 맞으러
날아갑니다
당신을 맞으러
날아갑니다.

삶

싹이 돋을 때
씨앗의 껍질이 벗겨지고
병아리가 나올 때
알껍데기 깨어지네

나비가 나올 때
번데기 허물은 벗겨지고
벗겨지고 깨어질 때
새 생명이 탄생하네

생각이 바뀌고
마음이 맑아지고
오감이 깨어나는 것
네 이름은 고통
그러나 부활!

성당 가는 길

이른 새벽 어머니가
어린 딸 손목 잡고
기도하며 가시네요

칼바람에 고무신 신고
한복 치마 스웨터 입고
성당으로 가시네요

악한 마음 쫓으시고
선한 마음 주옵소서
지극 정성 기도하며
어머니가 걸어가네.

성당 청소

주여
먼지 수만큼
영혼 구원하시고
사제와 수도자를
거룩하게 하소서

주여
가문의 죄와 멍에를
벗겨 주시옵소서
영혼을 눈뜨게 하시고
흔들리는 마음도
잡아 주소서

주여
마음의 어두움
밝게 하시고
마음의 많은 먼지
털어주소서.

수도자(修道者)

결혼 전에는 수녀(修女)로
살고 싶었어요
결혼을 해 보니
엄마로 살고
아내로 살고
며느리로 살고
딸로 살고
아줌마로 살았어요
나로 살지는 못했어요

사랑하기 위하여
참아야 하고
사랑하기 위하여
웃어야 하고
행복하기 위하여
욕심을 버려야 하네요

남편 안에서
하느님을 만나고
아들 안에 계신 예수님을
위로해 드려야 하고
며느리 안에 계신
성모님을 모셔야 하네요
손녀 안에 계신 아기 예수님을
돌봐 드려야 하고요
생각해 보니
가정생활이 수도생활(修道生活)
우리 집이 수도원이네요

수녀님 이야기

그을린 깡통에 담겨 있는
지저분한 음식
동냥해서 얻어 온
걸인들 음식
수녀님들이 그 음식을 드셨답니다
당신들이 지으신
정갈하고 따뜻한 음식을
걸인들에게 주고

수고하고 힘든 예수님을
위로하고 싶어서
외롭고 쓸쓸한 예수님을
위로하고 싶어서
당신들의 따뜻한 밥상을 드렸답니다
당신들을 사랑의 제물로 드렸답니다
사랑의 제단 위에서
사랑의 제사를 지냈답니다.

성탄 트리

성탄 트리 점등식에
어린이들 모여라
선물을 준비하니
노래 불러라

동네 아이 마을 아이
고운 옷 입고
성탄 트리 점등식에
모두 모여라

기쁜 노래 불러라
모두 불러라
희망 노래 불러라
모두 힘차게.

어머니 심장

엑스레이 사진 속에
비친 심장
심장이 부었어요
우리 엄마 심장이
애타는 마음에
심장이 부었어요

얼마나 놀라셨나
일마나 힘드셨나
하늘로 간 외아들
그리워 그리워
열두 남매 낳았어도
네 자매만 남았어요

어찌어찌 견디셨나
우리 어머니
어찌어찌 버티셨나

우리 어미니
자식 위해 바친 희생
어느 누가 알아줄까
성모님을 생각하며
모진 고통 참으셨네

성모님을 생각하며
기도로 버티셨네
우리 엄마 심장이
성모님 심장 닮았네요
우리 엄마 심장이
예수님 심장 닮았네요.

어머니 가슴

어머니의 외아들
막내아들은
스물아홉 나이에
하늘로 갔네
두드러기 피부가
꽃밭이네요

타는 가슴 절여져서
꽃이 피었나
성모님께 기도하네
열꽃 드리며
예수님께 바칩니다
우리 아들 바칩니다.

옷

검은 옷이 좋아요
튀는 옷 입지 마오
자매가 나에게
주문을 하네

검은 수위 평생 입는
수녀님들은
죽음을 바라보며
살고 있어요
부활을 바라보며
살고 있어요

수위는 신의 옷
튀는 옷은 인간의 옷
검은 옷을 입어 보자
부활을 입어 보자.

이태석 신부님을 위한 노래

검은 피부
슬픔에 젖어 있는 여인
일그러진 얼굴들
찌그러진 눈가에
흐르는 눈물
졸리 신부님 그리워

그대의 뭉그러진 발가락
졸리 신부님이 엎드려
발 모양을 그리었네
그대의 발 모양에
꼭 맞는 신발 만들려고
엎드려 있었네
그대 안에 계신
외로운 예수님을 위로하려고
엎드려 있었네

세상에서 가장 빛나는 영혼으로
다시 태어난 당신은
로사리오에 사랑의 음률을 실어
감사와 찬미와 선율을 실어
졸리 신부님의 빛나는 영혼에
당신의 애달픈 사랑의 가락을
드리고 있네

그대의 영혼 안에
졸리 신부님의 사랑이
흐르고 있네
그대의 눈물에
하느님의 사랑이
강물처럼 흐르고 있네.

용서

용서는 하느님으로부터 오고
상처는 사람에게서 오네

용서한다 말하면
상처가 낫고

사랑한다 말하면
행복해지네.

우리 옆집 양 선생님

맹인의 몸으로
맹인들을 키워주신 분
맹인들의 어머니
맹인들의 선생님
맹인들의 희망이 되셨던 분
당신의 거룩한 정신이
새 세상을 만들었네

힘들고 어려운 미국 유학 생활
길을 가다가 공원을 산책하다
빈 병 빈 깡통 지팡이에 닿으며
아유, 고마워
여기에 돈이 있네
한 푼 두 푼 모아 모아
한국으로 돌아오셔서
결혼도 포기한 채
여자의 몸으로
맹학교를 세우셨네.

임마누엘 아저씨

임마누엘 아저씨
얼굴이 하얗고 키가 작으신 분
걸을 때마다 다리를 좀 절었지요
임마누엘 아저씨
우리들의 선생님
우리 성당의 오르가니스트

삼종기도 성당 종을
라디오 시계와 똑같이 치던 분
우리에게 꿈과 희망과
예수님을 가르쳐 주신 분
임마누엘 아저씨
웃는 얼굴이 그립습니다.

장례 미사

떨리는 음성으로
사제 강론하시네요
애통한 마음으로
고별 강론하시네요
성당 가득 모인 신자
하느님 전 모인 사람

주님의 은총으로
치유을 받으시네
주님의 축복으로
주님 사랑 깨닫네요

네 목숨도 내 목숨도
하늘에 달렸으니
하루를 산다 해도
주님 사랑 주님 은혜
깨달아라 깨달아라
주님 나라 깨달아라.

재를 얹고

낮은 마음
텅 빈 가슴
사랑으로 채우고
육신의 욕구마저
의지로 다스리네

이마에 재를 뿌려
흙으로 돌아갈 것을
사람들아
너희 고향은 어디이냐?

사람아
네가 왔던 곳은 어디이냐?
너는 먼지이니 먼지로
돌아갈 것을 생각하라.

촛불

당신의 영정 사진 앞에
두 개의 촛불
하나는 당신의 촛불
또 하나는 나의 촛불

두 개의 촛불이
나란히 나란히
불을 밝히어
세상을 밝히어
몸을 태우고 있네
사랑을 불사르고 있네

하늘을 향하여
오르는 불꽃
하늘을 향하여
드리는 기도
번뇌와 어둠은 사라지고
빛의 향연이 울려 퍼지네.

하느님의 섭리

하느님은 한쪽 문을 닫으면
한쪽 문을 열어 주신다
당신의 섭리를 느끼며
하느님이 하시는 일을 바라봅니다

레지오 장례미사를 드리며
하느님의 부르심을 들었습니다
거룩한 미사였습니다
은혜의 시간이었습니다
모두 치유의 은총을 받았습니다

하느님은 한 영혼을 데리고 가시면서
많은 영혼을 치유해 주셨습니다.
주님이 누구신지
똑똑히 보았습니다.

제5부

추억 일기

거지 양반

금천교 다리 밑
사람 살았지
철부지 어린 내가
소리 질렀지
거지야!
거지야!

그 양반 우리 집에 오셔서
타이르셨지
'청주 대학 설립자 김원근 선생님은
아직도 빌어먹던 쪽박을
고이 모신다'고

다리 밑 거지 양반
스승이었네
다리 밑 거지 양반
멋진 신사 양반이네.

계란

달걀을 판에 얹어
상점을 도네

연탄 가게 국수가게 쌀가게
채소가게 대폿집 중국식당

비싸요
작아요
안 사요

사지는 않으면서
말들이 많네

수줍은 여고생
고개 숙이네.

고무신

손님이 오셨어요
고무신을 신고

흰 고무신에 묻은 땟국
깨끗하게 닦아 놓고

손님이 가실 때만
기다리고 기다려요

깨끗한 신을 신고
사뿐사뿐 걸으세요

마음에 기쁨 가득
사뿐사뿐 걸으세요.

날망집

휘영청 달 오른
오뉴월
계단식 과수원에
배꽃 피었네
과수원 꼭대기에
토담집 하나
산날망에 올라앉은
토담집 하나
날망집 지붕 위에
달이 떠 있네

날망집 지붕 위에
걸린 달빛은
과수원 배꽃 위에
사뿐히 내려앉고
토담집 지붕 위에
아카시아 그림자

달빛이 그려놓은
나무 그림자
바람에 흔들리는
아카시아 잎새들
꿈꾸는 배꽃에게
인사를 하네

산날망에 올라앉은
토담집 온돌방
귀여운 아가가
잠들어 있네
꽃향기 맡으며
잠들어 있네.

꿀 항아리

벽장 속 높은 다락
하이얀 꿀 항아리
꿀을 찍어 입속으로
넣어 봅니다

엄마 몰래
식구 몰래
꿀을 먹고는
소리 없이 다락에서
내려옵니다

어느새 꿀 항아리
비어 가는데
그래도 엄마는
모른 척하지
그래도 엄마는 모른 척하지.

내 동생

외이들 내 동생
위로 누나들 다섯
누나를 언니라
부르며 자랐지

다섯째 누나 나를
'개코'라고 불렀지
"엄마, 개코 어디 갔어?"
"개코야"
"개코야"

내 동생 사내아이
누나 다섯을
머리에 이고 살았지
누나 다섯을
가슴에 품고 살았지.

내 어린 시절

무작정 떼를 쓴다
양말 달라고
네 언니가 신고 가서
양말이 없다
그래도 내 것이니
양말 달라고
울면서 막무가내
떼를 써 본다

어머니 드디어
회초리 들고
학교도 가지 마라
아무것도 하지 마라
엄마가 무서워서
학교에 간다
울면서 울면서
학교에 간다.

내가 태어나던 날

내가 태어나던 봄날
어머니는 부끄러워서
문밖을 못 나오셨다지요
다섯 번째 딸이니까요
다섯 번째 딸로
태어난 것 감사드려요
요즘 세상 같으면
세상 구경도 못 했을 테니까요

어머니 저를 낳아 주시고
잘 키워주셔서 감사드려요
어머니 딸로 태어난 것은
행운이네요 행복이네요
유머러스하고 정(情) 많고
꿋꿋한 어머니의 딸로
태어난 것은 축복이네요.

느티나무

내 새 옷은 왜 없어
내 새 신발은 왜 없어
홧김에 텃논 모를 뽑아 놓고
아버지가 무서워
삼십육계 도망간다

동구 밖 느티나무
오늘도 올라가서
동네를 바라보네
어두컴컴 저녁 되어
엄마가 찾아오네

아들아 내려와라
겨우 집에 들어와서
아버지 눈치 보며
밥은 먹는 둥 마는 둥
새우잠을 청해 보네.

꽃모종

어머니가 꽃모종 하신다
비를 맞으며
채송화, 봉숭아, 백일홍, 샐비어
여기저기 새로 심네

옷을 짓고
빨래하고
반찬하고
마당 쓸고

꽃 얼굴을 자식으로
바라다본다
자식들 마음 밭에
꽃모종 하신다.

달팽이 놀이터

달팽이 그려 놓은
운동장에서
일학년 여자아이
뛰어나간다

친구는 안쪽에서
손녀는 바깥쪽에서
뛰어오다 뛰어가다
서로 만나면
반갑게 인사하네
가위 · 바위 · 보

또다시 뛰어가다
서로 만나면
웃으면서 인사하네
가위 · 바위 · 보.

동그라미, 세모, 네모

점이 모여 세모
점이 모여 네모
점이 모여 동그라미

점과 점
선과 선

서로 같은 고향
다르면서 한 형제

동그라미, 세모, 네모
한 덩어리로
다시 태어나네.

물 긷는 여인

꼭두새벽 첫닭 울음 듣기 전
시댁 조카딸 밥 해 먹이려고
새색시가 우물가에 나왔네

영동 가는 기차 시간 맞춰서
새벽밥 해 먹이느라
우물가에 물 길으러 나왔네

천둥 번개 치는 날
비바람 속에서도
물 길으러 나왔네
시댁 조카딸 밥 해 먹이려고

봄

옷자락 흔드는
바람 손님은
머릿결 스쳐가는
산들바람은
살며시 나에게
인사를 하네

강아지 졸고 있는
토담 아래서
어머니 닦아 놓은
장독대에서
따뜻한 봄볕은
인사를 하네
포근한 엄마의
눈빛을 보네.

비 오는 날

가랑비 보슬보슬
내리는 날에
소쿠리에 담긴
장떡 부침개
모락모락 김이 오른
노오란 옥수수

어머니 드러누워
신문 보시네
빗방울 처마 끝에
장단 맞추니
옥수수 알 진주알이
입속에 가득
행복이 한아름
쏟아지네요.

새벽녘

사립문 비스듬히
열린 사이로
보름달 서쪽으로
기울어 있네

휘영청 밝은 달빛
나무 그림자
신문 배달 소년의
발걸음 소리

바람결 어머니의
부엌문 소리
새벽부터 아침밥상
준비하시네.

소꿉놀이

흙을 얹어 밥을 하고
풀을 뜯어 반찬하고
토담벽 아랫목에
밥상을 차려 놓고
너는 엄마 나는 아버지
책상다리하고서는
고맙소 잘 먹었소
인사도 잘도 하네
살림살이 제법일세
식구 사랑 제법일세
토담벽 아랫목이
햇살로 가득하다.

수양산 자락

사람이 아니 오네
동네 개도 아니 오네

아버지 떠나시고
홀로 계신 우리 엄마

수양산 자락이
강동 팔십 리라고

아버지 그늘이 크셨다고
말씀하시네.

술

기분 좋아 한 잔
친구 만나 한 잔

일을 해서 한 잔
술맛 좋아 한 잔

술 좋아
친구 좋아
사람들이 좋아

술을 마셔
술을 마셔
하늘을 마셔.

아버님

술 한 잔에
세상은 내 것

한 잔 술에
근심은 남의 일

한 잔 술에
마음은 봄날

한 잔 술에
정은 살아
정은 살아.

아버지

가슴 한구석이
외로우셨던 당신

늘 바깥으로
맴도셨지요

하늘의 구름
떠다니는

마음
마음

이제는 당신의
안식처에서

평안을 누리시옵소서
기쁨을 누리시옵소서.

어머님 새 옷

어머님댁 대문 밖
버스 정류장
산골 마을 하루 네 번
버스가 오네

젊은 아낙
버스를 기다리고 서 있네
오늘이 괴산 장날
장터에 갈 것이네

어머니 어느새
새 옷 들고나오셔서
이 옷 입고 장에 가요
새 옷 입고 장에 나너와요.

어머님은 까막눈

어머님은 까막눈
글자는 모르는데
마음은 잘 읽지

어머님은 까막눈
덧셈은 못 하시고
뺄셈만 하시네

어머님은 까막눈
잘못은 안 보이고
잘한 것만 보시네.

언니 옷이 내 옷

어릴 적
내 옷은 없었어요
큰언니 옷은
둘째언니가
둘째언니 옷은
셋째언니가

셋째언니 옷은
넷째언니가
넷째언니 옷은
내가 입었어요
언니 넷을 입고
다녔어요.

여름밤

한여름 평상 위에
삼베 이불 있었지
모깃불은 마당에서
연기 피우고
엄마 언니 넷 내 동생 나
평상에 누워
여름밤 하늘 보네
별을 세고 있네

어머니 피난 시절
여러 가지 이야기
살아 돌아왔으니
다행이라고
어머니 별을 보고
이야기하시네
어머니 별을 보고
긴 한숨 쉬시네.

엄마가 학교에 오셨네

무명적삼 무명치마
비녀 꽂은 어머니
자재 잡고 놀기만 하던
늦둥이 아들
마흔한 살 늦은 나이에
부처님께 빌어서 낳은 막내아들

학교생활 잘하는지 궁금하셔서
어머니가 학교에 오셨네
철부지 어린 아들 부끄러워서
엄마라고 말도 못 하고 숨고 말았네
엄마가 할머니 같아서
그만 숨고 말았네.

외는 이*

한 사나이가 마을을 향하여
외치고 있네

'동네 사람들 들으시겨
대야, 삽, 호미, 곡괭이 가지고
내일 아침 길 닦으러 나오시겨'

마이크가 없던 시절
육성(肉聲)으로 외쳤네

육이오 전쟁 후
궁핍했던 시절
육성으로 소식을 전했네

마을 앞 언덕에 서서
마을을 향하여 외치고 있네

*동네 소식을 전하는 사람을 마을 사람들은 '외는 이'라고 불렀다.

이장(里長)

이 산 넘고
저 산 넘어
손님들이 찾아오네
아버님은 이장님
어머님은 이장댁

해가 넘어갔어요
눈이 내리네요
주무시고 가세요
어머님은 정성 다해
손님 밥상 차려내네

어머님은 끼니 거르시고
손님 대접하였으니
월남 간 막내아들
어머님 공덕으로
무사히 돌아왔네.

윤교리 풍경

여름 강가 미루나무
줄지어 서 있은데
백사장 고운 모래
햇볕은 따끈따끈

반가운 친구 모여 앉아
술잔을 맴도는데
새들도 노래하네
바람도 노래하네

어린 시절 어깨동무
솟아난 정이
강물에 잦아드네
바위에 새겨지네.

장날

뚝배기 돼지국밥
탁주 사발 하나
산 너머 이 영감
저 들녘 박 영감
산자락 밑 조 영감
캬-
들이켜는 탁주
한 사발

시름도 근심도
바람에 날려
지게꼬리 매달린
꽁치 몇 마리
걸을 때마다
춤을 추네
춤을 추네.

진달래꽃

풀포기가 하나도 없는
붉은 황토산
어쩌면 그렇게
민둥산일까
그곳에 피어난
연분홍 진달래꽃
문둥이가 먹고 간
진달래 꽃무더기

육이오 전쟁으로
민둥산이 되었나
포탄 속에서도
살아남은 진달래꽃
꽃 이파리 하늘하늘
바람에게 속삭이네.

찹쌀떡

눈 오는 저녁
외치는 소리
찹쌀 떠억-

점점 커지다
사라져 가네
찹쌀 떠억-

눈 오는 저녁
어둠 속에서 들려오는 소리
찹쌀 떠억!

천렵

한여름 무더위에
냇가로 몰려가서
돌을 쌓아 올려
솥단지 걸어 놓고
천렵을 하여 보세
어죽을 끓여 보세
한여름 더위 틈타
한순간 쉬어 보네

논밭 갈던 저 황소도
느긋하게 쉬고 있네
흘러가는 저 구름도
산허리에 쉬어가네
쉬어 보세 쉬어 보세
한여름 쉬어 보세.

친정

뒷창문 열면
개나리 피어있고

대문 앞 계단 옆에는
보라색 난초가

마당에는 하얀 불두화
황매화, 해당화, 작약이
흐드러지게 피어 있는 집

친정집 그 꽃집이
눈 감으면 아른아른.

침묵

나의 잘못을
참아주신 어머니
나의 어리석음을
깨우쳐주신 어머니
당신은 침묵하셨지요
수없이 많은 실수에도
당신은 침묵 안에서
기도하셨지요

사랑하는 외아들이
죽었을 때도
모진 소리를 들었을 때도
당신은 침묵하셨지요
하얗게 하얗게 밤을
새우면서 기도하셨지요.

할미꽃

붉은 비단 깃털 장식
곱게 차리고
양지바른 무덤가를
지키고 있네
어머니 정성 닮은
고운 마음씨
도란도란 이야기
들리는구나

옛적 꼬부랑 할머니
눈보라 언덕길
막내딸 찾아가다
돌아가셨네
고갯마루 언덕에서
피어난 꽃이
비단처럼 곱디고운
할미꽃이라.

형님

옹이박인 손바닥
굽은 허리에
손가락 이지러져
물결 이루네

서른다섯 꽃청춘
맏며느리는
어린 딸 둘을 두고
하늘로 갔네

늘그막에 어린 손녀
다시 키우니
우리 형님 먼 산을
바라다보네.

흉내 내기

우리 엄마 흉내 내기
재미있어요
옆집 아저씨 걸음걸이
흉내 내고요

뒷집 아저씨 쉰 목소리도
흉내 내네요
아버지 친구 웃음소리도
흉내 내고요

가난한 살림에 자식들 마음
찌들까 봐
우리 엄마가 웃겨줬어요
우리 엄마는 코미디언이었어요.

큰 언니

빨간 줄무늬 치마
초록 물방울무늬 블라우스
제 자리에서 빙 돌면
접시처럼 펼쳐지던 치마

큰언니가 손수 만들어 준 옷
초등학교 이학년 나는 멋쟁이
진홍 빨간색 가방도
큰언니 선물이었네

때로는 아버지 어머니보다
더 무서웠던 큰언니
어린 동생 잘되라고
무던히 애썼던
또 한 분의 엄마였네.